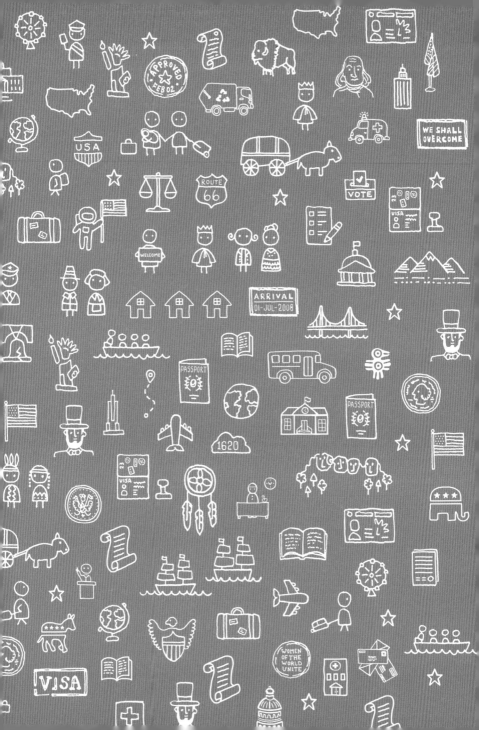

미국
한입에
털어 넣기

글로벌 시민학교

미국
한입에 털어 넣기

★ ★ ★ ★ ★

실비아 이달고 지음 | 박정희 옮김

학고재

★ ★ ★ ★ ★

실비아 이달고의 《글로벌 시민 학교-미국, 한입에 털어 넣기》가 한국에서 나오게 되어
정말 기쁘다. 그리고 진심으로 축하한다.

이 책은 원래 저자 실비아 이달고가 미국 시민이 되기 위한 시험을 준비하면서 만든
노트였다. 실비아 이달고는 미국 정부가 제공하는 교재만으로는 귀화 시험을 단박에
통과하기가 어렵다는 걸 알았다. 그래서 자신만의 학습 방법을 적용한 지침서를
쓰기로 했다. 청소년 시절, 그녀는 시험을 볼 때마다 낙서, 짧은 농담, 다양한 글씨체,
일러스트레이션 등을 활용해 학습 내용을 쉽게 기억하는 방법을 스스로 찾아냈다.
그리고 그녀만의 비법으로 미국 역사와 문화에 대해 호기심과 감탄을 자아내는
안내서를 마침내 만들어냈다.

나는 이 책을 영어 원본, 한국어 번역본 두 언어로 읽었는데, 아주 재미있었다. 게다가
수십 년 동안 외교관으로 일한 나조차 어떻게 설명해야 할지 난감할 때가 있는 미국의
정치 구조를 명확하게 설명하는 걸 보고는 감탄을 금치 못했다. 예컨대 다른 나라와는
다른 미국의 대통령 선거를 소개할 때 어떻게 설명해야 할지 선뜻 떠오르지 않을 때가
있다. 그런데 실비아 이달고는 '마법의 숫자 270', '승자독식' 같은 숫자와 용어 그리고
캐릭터를 활용해 정말 흥미롭고 맛깔스럽게 풀어냈다.

이 책은 이민자들을 위한 학습교재로만 쓰이기에는 너무 아깝다. 지구촌이 하나가 되면서 지역과 지역, 나라와 나라 사이의 소통과 이해가 더욱 중요해지고, 이를 위한 정보도 갈수록 많아지고 있다. 이럴 때 명쾌하고 정확하게 팩트를 짚어 주는 책이 더없이 유용하다. 실비아 이달고의 《글로벌 시민 학교—미국, 한입에 털어 넣기》가 바로 그런 책이다. 미국으로 유학 갈 때, 파견 근무 갈 때, 여행 갈 때, 미국인 친구들과 미국 정부의 정책 등에 대해 토론할 때, 미국의 역사와 문화에 대해 공부하고 싶을 때 이 책을 읽어보기를 권한다.

책장을 다 덮고 났을 때, 내가 한국의 정치 구조와 역사를 공부하기 시작할 무렵, 이 책처럼 한국을 소개하는 책이 있었다면 얼마나 좋았을까 하는 생각이 들었다. 그래서 이 책의 출간이 더욱 반갑다. 이 책이 한국과 미국, 양국 간의 이해와 소통에 든든한 가교 역할을 하리라 기대한다.

2019년 4월
캐서린 스티븐스
2008-2011 주한 미국 대사
한미 경제 연구소장

★ ★ ★ ★ ★

어린 시절 친구 집에 놀러가곤 했는데, 갈 때마다 무척 신이 났다. 친구네 가족을 만나는 건, 친구를 더 잘 알 수 있는 기회였다. 집은 어떻게 생겼는지, 가족끼리 대화는 어떻게 하는지, 저녁에는 무얼 먹는지, 무얼 하며 노는지, 언니나 오빠, 동생은 있는지, 반려동물은 키우는지 지켜보는 것만으로도 흥미로웠다. 친구네 가족과 우리 가족의 공통점과 차이점을 발견하는 것도 재미있었다. 요즘도 친구네 가족에 대해 알아가는 걸 즐긴다. 그때마다 세상에는 얼마나 다양한 가족이 있는지, 놀라곤 한다.

나라도 가족과 다르지 않을 것이다. 한 나라의 역사와 시정을 알면 그 사회가 중요하게 여기는 가치, 국민들이 추구하는 이상을 아는 데 도움이 된다. 그런 정보를 손에 넣으면 그 나라의 정치, 관습 그리고 무엇보다 나라가 중요하게 여기는 것들을 보다 잘 이해할 수 있다.

또 나라들 사이에 공통점이 많다는 것도 알게 된다. 대부분의 나라는 역사 속에 위대한 순간과 후회스러운 사건, 기억할 만한 위인과 부끄러운 인물 들이 있다. 그리고 그 나라만의 독특한 행동 방식이 있다.

이 책은 미국의 역사와 시작, 오늘날의 미국을 만들기 위해 힘쓴 이들, 새로운 삶의
터전을 찾아 미국으로 와 세계사의 흐름을 바꾼 이민자들에 대해 알려준다. 또 미국의
정치 구도, 미국인들이 민주주의에 참여하는 방식, 미국에 살고 있는 이들의 권리 및
책임을 소개한다. 물론 이민자의 나라, 미국의 시민이 되려는 이들을 위해 아주 유용한
정보도 담고 있다. 여러분이 미국을 알고 이해하는 데 정말 훌륭한 길라잡이가 되리라
기대한다.

공부하러 또는 취업으로 미국에 갈 기회가 있다면, 이 책을 꼼꼼히 읽어보라. 미국
사회의 구성원으로 적극적으로 활동하는 데 필요한 정보, 거주자의 권리와 의무를
알려줄 것이다. 또 미국 내 뉴스를 따라잡고 미국 정부가 어떻게 운용되는지 이해하는
데 도움이 될 것이다. 책을 다 읽은 후 파티에 가 보라. 모두들 미국에 대한 당신의
박식함에 놀라워하리라 장담한다!

무엇보다 이 책이 당신의 문화와 전 세계 여러 문화의 공통점을 찾고, 차이점을
탐구하는 원동력이 되기를 희망한다.

2019년 4월
실비아 이달고

★ ★ ★ ★ ★

2018년 3월 20일, 처음으로 나는 미국 시민으로서 투표를 하러 갔다. 나에게 투표는 늘 중요한 일이었다. 내가 태어난 코스타리카에서 선거는 중요한 축구 경기에 맞먹을 정도로 열광적이었고 때로는 광기로 얼룩지곤 했다.

2015년에 나는 미국 시민이 되는 절차를 밟기 시작했다. 미국에 온 지 16년째 되는 해였고, 그동안 선거 때마다 투표소로 향하는 사람들을 보며 "투표를 한 지 너무 오래되었구나." 하고 중얼거리곤 했었다. 시민이 되기 위해 치러야 하는 시험 교재를 받자마자, 나는 시험 준비를 위해 평소의 공부 요령을 적용해 보아야겠다고 생각했다.

청소년 시절, 나는 항상 시험을 준비하기 위해 상세한 요약본을 만들곤 했다. 몇 장이고 이어지는 요약본에 낙서, 화살표로 표시한 짧은 농담, 다양한 글씨체로 꾸민 인포그래픽 등을 더해 정보를 쉽게 기억할 수 있도록 했다. 시민권 시험 요약본을 만들기 시작하면서 곧, 이것이 나와 비슷한 과정을 준비하는 다른 사람들에게도 유용한 교재가 될 수 있음을 깨달았다.

사람과 사람이 연결되는 마법을 통해 나는 내 40장짜리 책자를 출판사에 보여줄 기회를 얻었다. 공식적으로 미국 시민이 되어 귀가한 첫날, 요약본이 책으로 출판될 거라는 희소식을 알려주는 전화를 받았다. 누구나 볼 수 있도록, 사이즈를 키운, 진짜 책이 될 거라는 놀라운 소식이었다.

이 책은 미국 시민이 되려는 이들을 위한 책이다. 귀화 시험 준비를 도와주기도 하겠지만 그보다 더 중요하게는 미국이라는 국가에 대해, 미국이 어떻게 시작되었고 어떤 역사를 가지고 있으며, 미국의 정치 시스템이 어떤지를 이해하여 적극적으로 사회에 참여하는 시민이 되는 정보를 담고 있다.

이 책은 또한 이미 미국 시민인 이들을 위한 책이기도 하다. 어렸을 때 배우고 나서 잊어버렸던 여러 가지 정보에 대한 재미있는 재교육 강의다. 이 나라의 정치적 이상과 그 이상을 지키기 위해 싸운 사람들을 기억하고, 우리가 민주주의를 기념하고 수호해야 할 이유를 상기시키며, 시민들이 미국의 역사를 만드는 데 어떤 영향에 미쳤나를 설명한다.

2018년
실비아 이달고

차례

역사와 지리

아메리칸 인디언들

지금의 미국 땅에는 아메리칸 인디언이라는 토착 아메리카인이 살고 있었다.

이주민들이 오기 전

아메리칸 인디언들은 농작물을 재배하는 데 능했다. 옥수수를 비롯한 채소와 과일 그리고 땅콩, 코코아, 담배도 재배했다.

그들은 수로와 댐을 만들어 물을 공급하고, 도자기를 굽고 바구니를 짜고 솜으로 옷을 만들어 입기도 했다.

영국에서 온 이주민들

1600년대 초부터 영국 등에서 많은 식민지 개척민들이
북아메리카로 들어오기 시작했다.

그들은 사회적 억압을 피해 더 살기 좋은 나라를 꿈꾸며
대서양을 건너왔다. 새로운 기회와 자유를 찾아
북아메리카 플리머스*에 도착했다.

경제적 기회   종교적 자유   정치적 자유

* 플리머스는 1620년 메이플라워호를 타고 온 사람들이 정착한 곳으로 현재 매사추세츠주 플리머스 카운티이다.

13개의 영국 식민지

펜실베이니아	메릴랜드
노스캐롤라이나	버지니아
사우스캐롤라이나	조지아
뉴햄프셔	뉴욕
매사추세츠 베이	코네티컷
로드아일랜드	뉴저지
	델라웨어

식민지 상류층

극히 소수의 사람들만이
땅과 하인을 소유하고,
관직을 가지고 정치적 영향력을
행사했다. 교회와 친밀한
관계를 유지하였다.

계약 노동자층

유럽에서 식민지로 온 주민 중 반 이상은
극심한 가난을 피해 하인으로 왔다.
그들은 7년 동안 힘든 노동을 하는
대신 토지와 자유를 얻는 조건에
동의했다.

아메리칸 인디언 부족들

아파치	치페와	이누이트	푸에블로
아라와크	촉토	이로쿼이	세미놀
블랙피트	크리크	모히간	샤니
체로키	크로	나바호	수
샤이엔	호피	오나이다	

문화권

 북서 연안   그레이트베이슨

 캘리포니아   평야

남서   북동

고원   남동

아메리칸 인디언

영국에서 온 식민지 주민들은 훨씬 우수한 총기를 가졌지만 원주민인 아메리간 인디언을 복종시키지 못했다. 원주민들은 인구가 더 많았고, 지략이 높았고 저항 의식이 강했다. 지리에도 더 밝았다.

아프리카에서 온 사람들

노예가 되었다

17세기와 18세기에 남자, 여자, 어린이 들이
아프리카에서 아메리카로 강제로 끌려왔다.
그들은 문화도 말도 가족도 마을 공동체도 다 잃은 채
먼 이국 땅에서 비인간적인 대우를 받으며
고된 고동에 시달렸다.

미국의 노예 제도

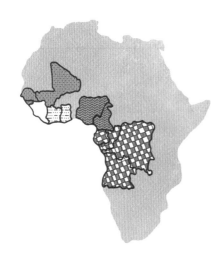

미국의 첫 아프리카인 노예들은
1619년 버지니아의 제임스타운에
도착했다. 그들은 담배, 쌀, 쪽 등
수익성이 좋은 작물 농사일을 했다.

1641년, 노예 제도가 합법화되었다.
아프리카인들은 개인의 소유물이자
가치 있는 상품으로 취급당했다.
그들은 법적 권리라곤 전혀 없이
학대와 폭력에 시달렸다.

노예들은 주로 아프리카의
4개 지역에서 잡혀 왔다 :

세네감비아:
지금의 세네갈, 잠비아,
기니비사우, 말리

골드코스트:
지금의 가나, 코트디부아르

비아프라만:
지금의 나이지리아 동부, 카메룬

중서 아프리카:
지금의 앙골라, 콩고 공화국,
콩고 민주 공화국, 가봉

성인 남자와 여자 노예는
노동 상품으로 매매되었다.
그중 피부색이 옅은 젊은 여성은
첩이나 매춘부로 팔리기도 했다.

미국 독립 혁명

영국 정부는 식민지에서 그곳 주민들과 합의하지 않고
일방적으로 세금을 걷었다. 영국 정부에는 식민지 주민을 대변할
대표도 없었다. 대영 제국은 식민지 주민들에게 영국 군인들을
먹이고 재워주라고 강요하기도 했다.

독립 선언서

북아메리카 13개 식민지가
1776년 7월 4일
영국으로부터의 독립을
선포하였다.

독립 선언서는 모두가 평등하며
생명과 자유와 행복을 추구할 권리를
가지고 있다고 명시하였다. •••••••••

독립 선언서는
토머스 제퍼슨이
집필하였다.

IN CONGRESS, JULY 4, 1776.

A DECLARATION

BY THE REPRESENTATIVES OF THE

UNITED STATES OF AMERICA,*

IN GENERAL CONGRESS ASSEMBLED

JOHN HANCOCK, PRESIDENT

▶ **생명과 자유와 행복 추구**

존 애덤스, 로버트 리빙스턴, 로저 셔먼
그리고 벤저민 프랭클린이 초안 작성을
도왔다.

* 독립 전쟁 중 13개 식민지가 연합해 하나의 국가로 만들기로 하고 이름을 '아메리카 합중국'이라 하였다.

21

헌법

헌법은 국가의 최고법이다.
헌법은 정부를 수립하고 정의하며,
미국 시민의 기본권을 보호한다.

제임스 매디슨, 존 제이 그리고 알렉산더 해밀턴은 이 헌법이 얼마나 중요한지를 알리기 위해 많은 기사와 논문을 썼다. 연방주의자들은 중앙 정부의 필요성과 장점을 자세히 설명한 책도 만들었다.

1787

미국 건국의 아버지들은
조지 워싱턴이 주재한
헌법 회의에서 헌법을 작성하였다.

George Washington

조지 워싱턴

미국의 아버지, 미국 연방 초대 대통령

1789-1797

우리, 시민은(WE THE PEOPLE)
= 자치 정부

개인의 권리를
지켜야 해!

권리 장전이
필요해!

맞아.

반연방주의자들

1791

권리 장전은 미국 헌법의 일부가
되었다. 권리 장전은 미국 헌법의
첫 10개의 수정 조항이 되었다.
연방 정부의 권력을 제한하고
모든 시민의 권리를 보호한다.

권리 장전

반연방주의자들은
각 주의 권한을 주장하였다.
그들이 반대한 것은 :
• 단일 정부의 권한
• 상류층의 지배
• 불충분한 권력 분산
• 지역 문제에 대한 직접적인 지배권 상실

반연방주의자들의 주장은 권리 장전에
크게 영향을 미쳤다.

권리 장전은 제임스 매디슨이 집필하였다.

수정 헌법은
헌법을 개정하거나 기존 헌법에
추가되는 내용이다.
미국 헌법에는 모두 27개의
수정 헌법 조항이 있다.

조면기

1793년에 발명되었다.

미국인 발명가 엘리 휘트니가 목화의
씨를 빼고 솜을 트는 현대식 기계,
조면기를 개발했다. 목화는 미국
남부에서 엄청나게 수익성이 높은 작물이
되었다. 노예 소유주들은 노예를 더 많이
사들이고 새로운 농장을 찾아 남부에서
서부로 이주하기 시작했다.

미국 연방은 점차 두 쪽으로 나뉘었다.
북부에 있는 주들은 노예 제도 폐지를
지지하였고, 남부 주들은 노예 제도가
지속되기를 원했다.

그러나 노예 제도는 이제 정치나 상업적
차원을 넘어 도덕적 문제가 되었다.

FOUNDING
FATHER

Thomas Jefferson

토머스 제퍼슨

미국 3대 대통령

1801-1809

로버트 리빙스턴과 제임스 먼로는
제퍼슨 대통령의 대리인으로,
프랑스에 뉴올리언스 항을
1,000만 달러에 팔라고 제안했다.
프랑스는 1,500만 달러에 이자를
포함하여 총 2,767만 7,622달러를
받고 루이지애나 영토(약 214만
제곱킬로미터)를 미국에 팔았다.

❋ 루이지애나를 사다 ❋

John Adams

존 애덤스

미국 2대 대통령, 초대 부통령

1797-1801

Alexander Hamilton

알렉산더 해밀턴

미국 초대 재정부 장관

1789-1795

강한 중앙 정부 체제,

연방 형태를 강력하게 지지하였다.

John Jay

존 제이

미국 초대 대법원장

1789-1795

눈물의 길

서부 개척지에 살던 많은 백인 정착민들은 아메리카 원주민들이 사는 조지아,
앨라배마, 노스캐롤라이나, 플로리다와 테네시 등으로 이주하고 싶어했다.
그들은 원주민들의 가축을 훔치고, 원주민들의 집과 마을을 약탈하고 불태웠다.
원주민들의 땅을 불법적으로 차지하고 원주민들을 억압하고 학대했다. 정착민들은
너도나도 목화를 기르고 싶어했다. 미국으로 건너오는 이민자가 많아질수록 땅을
원하는 이들은 더 많아졌다. 1829년, 조지아의 체로키 부족이 살던 땅에서 금이
발견되자 투기꾼들은 정부가 개입하라고 압박하였다.

 ## 1830년 인디언 이주법

• 연방 정부는 이 법에 따라 미시시피강
  동쪽에 사는 모든 원주민을 강제로
  쫓아내 서쪽 땅, 인디언 영토로 이주시켰다.
  인디언 영토는 현재 오클라호마이다.
• 연방 정부가 부족들의 이주를 위한
  모든 이동과 수송비를 지불하기로 했다.
• 대통령 앤드루 잭슨이 법안에
  서명했다.

1830년에서 1850년 사이에
크리크, 체로키, 촉토,
세미놀 부족이 자신들의
땅에서 쫓겨났다. 3,500명이
넘는 크리크 부족민과
4,000명 이상의 체로키
부족민이 이주 중에
사망하였다.

몇몇 부족은 토지 교환 조건을 승낙하고 평화롭게 서부로 향했다. 정부의 경험 부족과 부패로 많은 원주민이 이동 중에 영양실조, 탈진, 저체온증과 질병으로 사망하였다.

체로키 부족민은 강제 이주 사안을 법원으로 가져가 승소하였다. 그러나 정부는 법원의 결정을 무시하였다. 잭슨 대통령은 군대를 보내 원주민을 총기로 위협하여 그들의 땅에서 쫓아냈다.

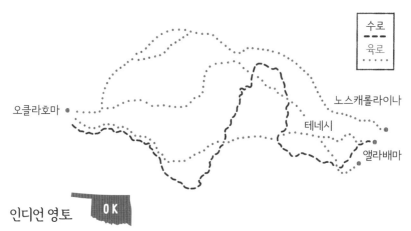

인디언 영토

정부는 원주민 부족들에게 새 인디언 영토, 오클라호마를 보호하겠다고 약속하였다. 그러나 1907년에 오클라호마가 주가 되면서 인디언 영토는 사라졌다.

지하 철도

지하 철도는 흑인 노예들이 자유를 찾아
탈출할 수 있도록 도와주던 사람들과
단체들을 말한다. 탈출 경로는 23개 주를
통해 약속의 땅 캐나다까지 이어졌다.

지하 철도를 운영한 사람들은 노예에서
벗어난 흑인들과 북부의 노예 해방
운동가들, 인도주의자들과 성직자들이다.
그중 많은 사람이 퀘이커교도였다.

David Ruggles
데이비드 러글스
뉴욕 자경단을 만들었다. 흑인들이
납치당해 노예로 팔려가지 않도록
보호하던 조직이었다.

Harriet Tubman
해리엇 터브먼
노예에서 탈출한 후 지하 철도의 탈출 인도자가 되었다.
노예 해방 운동가이자 인도주의자였다. 목숨을 걸고
친구들과 가족들을 노예 신분에서 구출하기 위해 힘썼다.
미국 남북 전쟁 중에는 무장 정찰병이자 스파이로
활동하였다. 여성 참정권 운동도 했다.

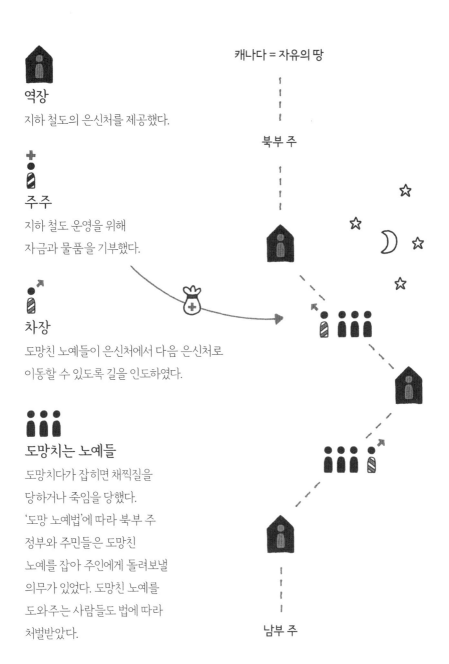

역장

지하 철도의 은신처를 제공했다.

주주

지하 철도 운영을 위해
자금과 물품을 기부했다.

차장

도망친 노예들이 은신처에서 다음 은신처로
이동할 수 있도록 길을 인도하였다.

도망치는 노예들

도망치다가 잡히면 채찍질을
당하거나 죽임을 당했다.
'도망 노예법'에 따라 북부 주
정부와 주민들은 도망친
노예를 잡아 주인에게 돌려보낼
의무가 있었다. 도망친 노예를
도와주는 사람들도 법에 따라
처벌받았다.

캐나다 = 자유의 땅

북부 주

남부 주

남북 전쟁

Abraham Lincoln
1861-1865

에이브러햄 링컨은 노예 제도 폐지를 공약으로 내걸고 대통령에 당선되었다.

노예 제도 유지를 원했던 7개 주가 미국 연방에서 탈퇴하여 **남부 연합**을 결성하고 독립을 선포하였다.
여기서는 노예 제도가 합법!!!

노예 제도 찬반 갈등이 커지면서, 결국 북부 주들과 남부 주들 간에 전쟁이 일어났다. 전쟁은 4년간 지속되었다.

이 전쟁으로 **620,000** 명이 전사하였다.

1863년 1월
링컨은 **노예 해방령**을 내렸다. 약속을 지켰다.

1865년 1월
의회는 수정 헌법 제13조를 통과시켜 노예 제도를 폐지하고 강제 노동 착취를 금지하였다.

1865년 4월
링컨이 암살당했다.

1865년 6월
남북 전쟁이 끝났다.

남북 전쟁 당시의 여성들

수전 B. 앤서니와 엘리자베스 케이디 스탠턴은
사회 개혁가이자 노예 해방 운동가, 여성 참정권 운동가였다.
전쟁 동안에는 북부 연합을 위해 일했으며 수정 헌법 제13조를
지지하는 서명을 백만 개나 받았다.

엘리자베스 반 루는
대부분 여성으로 이루어진 첩보 조직을
운영했다. 일부 여성 스파이들은 남부 연합의
백악관 내부까지 침투해서 활약했다.

**프랜시스
클레이턴**은
남장을 하고
남편과 함께
북부 연합을
위해 싸웠다.

폴린 쿠시먼은 배우이자 북부
연합의 스파이였다. 남부 연합 지지자인
것처럼 속여 고위 간부들의 대화를
엿듣고 기밀 문서에 접근하였다. 정체가
발각되어 사형 선고를 받았으나, 북부
군인들이 구출하였다.

시민의 권리와 활동

미국의 역사 속에서 사회 운동가들은 끊임없이
미국의 이상인 자유와 평등을 지지하고 수호하였다.
많은 미국인은 집회, 탄원, 불매 운동, 행진, 소송, 모금 등
여러 방법을 통해 미국을 모두가 더 살기 좋은 나라로
만들기 위해 싸웠다.

여성 참정권

1848
세네카 폴스 대회

- 엘리자베스 케이디 스탠턴과
  루크레시아 모트가 조직했다.
  여성의 정치적 권리를 쟁취하기
  위한 첫 번째 대회였다.
- 잇따라 다른 대회들이 생겨났고
  여성 참정권 운동의 기반이 되었다.

1914
제1차 세계 대전

- 많은 여성이 미국의 참전을
  반대하는 시위에 동참하였다.
- 여성들은 군에 입대하거나
  군인으로 떠난 이들의 자리를
  채워 산업체에서 일하기도 했다.

앨리스 폴

- 미국 여성당의 대표
- 반전 시위를 하다 수감되었다. 수감
  중 단식 투쟁을
  하다 끔찍한 강제
  급식도 당했다.

- 전쟁 중 여성들이 보인 애국심과
  사회 운동가들의 압력이
  수정 헌법 제19조를 통과시켰다.
- 1920년, 미국 여성들은
  투표권을 쟁취했다.

제인 애덤스

- 평화주의자,
  사회 복지사,
  사회학자이자 평화와
  자유를 위한 여성
  국제 연맹의 회장이었다.
- 1884년, 엘런 게이츠 스타와 함께
  시카고에 헐 하우스를 설립하였다.

- 헐 하우스는 노동자들에게 사회적
  기회와 교육 기회를 제공하였다.
- 헐 하우스는 계층을 아울러 여성들이
  함께 사회 개혁에 힘쓰도록 도왔다.

마거릿 생어

- 피임 운동가,
  성교육 강사,
  작가이자 간호사였다.
- 미국 피임 운동의 창시자이자
  미국의 첫 임신 조절 병원을 열었다.
  미국 출산 조절 연맹을 설립했다.
  이는 후에 가족계획 협회로 발전했다.

엠마 골드만

- 무정부주의자이자 작가,
  정치 운동가, 여성의 권리와
  사회 문제를 강의하는 강사였다.
- 피임에 대한 의견을 공유하고
  대중에게 피임 기구 사용법을
  가르쳤다. 그러다 여러 번
  체포되었다.
- 감옥에서 2년을 보낸 후 1919년에
  러시아로 강제 추방되었다.

리벳공 로지

- 제2차 세계 대전 동안 군수
  공장과 조선소에서 일하던
  여성을 대표하는 이미지로
  1943년에 만들어졌다.
- 지금까지 미국 페미니즘과 여성
  경제권의 상징으로 활용되고 있다.

민권 운동

흑인에 대한 인종 차별과 분리 정책을 반대한 대규모 운동이다.

1954
브라운 vs 교육위원회

- 당시 남부의 여러 주에서는 공립 학교에서 흑인 학생을 받아 주지 않았다.
- 대법원은 이 재판에서 공립 학교가 흑인 학생을 받지 않는 것은 위헌이라고 판결하였다.

1955
몽고메리 버스 보이콧

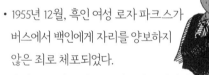

- 1955년 12월, 흑인 여성 로자 파크스가 버스에서 백인에게 자리를 양보하지 않은 죄로 체포되었다.
- 흑인들은 버스 이용을 거부하고 걷거나 자전거를 타고, 서로서로 자가용을 태워 주었다. 흑인과 백인 자원 활동가들이 카풀 시스템을 조직해 보이콧을 도왔다.
- 보이콧은 총 381일 동안 계속되었고, 도시 대중교통 시스템에 지대한 영향을 미쳐 몽고메리 지역 경제가 큰 타격을 입었다.
- 1956년 12월, 연방 정부가 버스 안에서 인종을 분리하여 자리를 정해 놓는 것은 위헌이라고 판결하면서 보이콧이 끝났다.

1960
그린스보로 연좌 시위

- 노스캐롤라이나에서 흑인 학생 4명이 울워스 백화점 내 식당에 들어가 백인들만 앉을 수 있는 자리에 앉았다. 식당은 음식 제공을 거부했고, 학생들은 백화점 폐점 시간까지 침묵하며 앉아 있었다.
- 학생들은 이런 방식으로 몇 주간 평화 시위를 계속했다. 다른 주 학생들도 같은 방법으로 그 백화점의 지점을 점거하고 시위를 벌였다. 결국 울워스 백화점은 인종 차별 정책을 폐지하였다.

1961
프리덤 라이더스

- 미국의 최남단 여러 주에서 흑인과 백인 시민 들이 기차와 버스를 함께 타는 시위를 하였다.
- 버스 여러 대가 불탔고 시위자들은 폭행을 당하고 체포되었다.
- 그 결과 전국의 버스와 기차에서 인종 분리 정책이 폐지되었다.

1963
버밍햄 운동

- 1,000명이 넘는 학생들이 인종 분리 정책에 반대하는 가두 행진을 벌였다.
- 600여 명이 경찰과 육탄전을 벌였고, 경찰견의 습격까지 받았다.

1963
직업과 자유를 위한 워싱턴 행진

- 250,000명의 다양한 인종의 미국인이 흑인들이 겪는 정치 사회적 불평등에 맞서기 위해 모였다.
- 가두 행진에서 마틴 루서 킹 박사는 인종 차별주의를 끝내자고 호소하는 '나에게는 꿈이 있습니다'라는 역사적인 연설을 하였다.

마틴 루서 킹 박사는 모든 미국인의 민권과 평등을 위한 싸움에서 가장 중요한 지도자였다.

1964
1964년 민권법

공공장소에서의 인종 분리 정책을 철폐하고 인종, 피부색, 종교, 성 그리고 출생지를 바탕으로 한 고용 차별을 금지하였다.

1965
1965년 선거권법

- 흑인들이 사는 지역에서 투표를 억제하기 위해 만든 많은 장치들을 없앴다.
- 앨라배마주 셀마에서 몽고메리까지 이어지는 가두 행진 중, 주 경찰관과 백인 패거리 들이 시위자들을 무차별적으로 폭행했다. 이를 '피의 일요일' 행진이라 하며, 이후 법안이 통과되었다.

1973
로 vs 웨이드

- 여성의 낙태권을 법적으로 인정한
  중요한 대법원 판결이다.
- 대법원은 낙태를 선택할 여성의 권리는
  수정 헌법 제14조의 사생활 권리에 의해
  보장받아야 한다고 판결하였다.
- 이후 몇 가지 판결들이 로 vs 웨이드
  판결의 범위를 축소하였으나, 아직까지
  번복되지는 않았다.

2013 - 현재
'흑인 목숨도 소중하다' 운동
#BLACKLIVESMATTER

- 조지 짐머만이 흑인 청소년 트레이본
  마틴을 살해하고도 무죄 선고를 받은
  사건에 대응하여 사회 운동가 얼리샤
  가자, 패트리스 컬러스,
  오팔 토메티가 결성한 정치 운동이다.
- 2013년에 SNS 해시태그로 시작되어
  2016년에는 전국 30개 지역에
  지부가 생겼다.
- 이 운동은 경찰의 폭력, 사법 제도
  내의 인종 차별을 포함하여
  흑인들에게 가해지는 미국 사회의
  폭력에 반대한다.

2015
오버거펠 vs 호지스

- 대법원은 동성 커플에게도 법적으로 혼인할 권리가 보장되어야 하며,
  미국의 모든 주가 이성 커플의 결혼과 동일한 권리와 조건으로 동성 간의
  법적 혼인을 제도적으로 시행하고 인정해야 한다고 판결하였다.
- 그 외 레즈비언, 게이, 트랜스젠더, 퀴어 등 성소수자(LGBTQIA) 권리는 주마다 달라,
  이들은 여전히 여러 차별에 노출되어 있다.

2016. 4 - 2017. 2
다코타 액세스 송유관 운동
#NODAPL

- 2016년 초, 미국 중부를 가로지르는 약 1,886킬로미터의 다코타 액세스 송유관 건설 허가에 반대해 시작된 풀뿌리 운동이다.
- 스탠딩록 수 부족(인근 보호 구역에 살던 아메리칸 인디언)과 연대한 단체들은 송유관 건설을 막기 위해 소송을 시작했다. 수 부족의 젊은 여성 토카타 아이언 아이즈와 그 친구들이 해시태그와 SNS 캠페인을 조직하였고, 점점 더 큰 운동으로 번져 나갔다.
- 캠페인은 송유관 건설이 부족의 신성한 묘지와 지역 수질에 악영향을 미침을 알렸다.
- 여러 아메리칸 인디언 단체, 정치인, 환경 단체, 민권 단체의 지지를 받았고 수천 명이 집회에 참여하였다.
- 2017년 1월, 도널드 트럼프 대통령이 송유관 공사 재개를 허가하는 행정 명령에 서명했다. 시위자들은 2017년 2월까지 건설 현장에서 시위를 이어갔다.

2017
여성 행진

- 2017년 1월 21일, 출산권, 성소수자들의 권리, 노동자 권리, 시민 권리, 장애인 권리, 이민자 권리, 환경 정의, 여성을 향한 폭력 철폐 등 여러 진보적 권리를 보장하는 법안과 정책 제정을 촉구하는 세계적인 집회이다.
- 도널드 트럼프 대통령이 취임한 다음 날 여러 도시에서 약 460만 명이 집회에 참가하여 행진하였다. 원래는 워싱턴 D.C.에서만 하기로 계획되어 있었다.
- 미국 역사상 가장 큰 1일 집회였다.

미국의 군대

미국의 군대는 미국 국방부 아래에 있는 육군, 해병대, 해군, 공군
그리고 국토 안전부가 담당하는 해안 경비대로 이루어져 있다.

국방 예산

미국은 전 세계에서
국방비로 가장 많은 예산을 사용한다.

2015년

국방 예산

한국 310억 달러
일본 410억 달러
프랑스 510억
인도 510억 달러
영국 550억 달러
러시아 660억 달러
사우디 아라비아 870억 달러

미국 5,980억 달러

중국 2,150억 달러

18세에서 26세 사이의
모든 남성은
징병 대상 등록 시스템에
등록해야 한다.

군의 상징

육군 '우리가 지킨다'

해군 'SEMPER FORTIS : 늘 용맹한'

해안 경비대 'SEMPER PARATUS : 늘 준비된'

공군 'AIM HIGH : 난다-싸운다-이긴다'

해병대 'SEMPER FIDELIS : 늘 충직한'

전쟁 1800-1898

1812-1815

1846-1848

1812년 전쟁
- 영국과 전쟁
- 제임스 매디슨 대통령이 선전 포고문에 서명하였다.
- 1814년까지 양쪽 모두 주요 전쟁 목표를 달성하지 못했다.
- 겐트 조약으로 두 나라의 관계가 회복되었다.

멕시코-미국 전쟁
- 미국은 서부로 계속 영토를 확장시키고 싶어했다.
- 포크 대통령은 멕시코에 뉴멕시코와 캘리포니아 영토를 3,000만 달러에 팔라고 제안하였다.
- 멕시코가 거절하자 미국은 전쟁을 선포했다.
- 멕시코가 졌다. 멕시코는 미국에 애리조나, 캘리포니아, 서부 콜로라도, 네바다, 뉴멕시코, 텍사스와 유타 영토를 넘긴다는 과달루페 이달고 조약에 서명했다.

명백한 운명론(MANIFEST DESTINY)

미국 정착민들이 북아메리카 대륙 전체로 영토를 확장시킬 운명이라는 믿음이 널리 퍼졌다. 다음과 같은 세 가지 핵심 주제가 그 믿음을 뒷받침하였다.
- 미국인과 미국인들이 만든 제도는 아름답다.
- 미국 제도를 확산시키고자 하는 사명이 있다.
- 이 일은 하나님이 우리에게 부여한 운명이다.

1861–1865

남북 전쟁

- 노예 제도에 반대한 북부 연합과 노예 제도를 지키려는 남부 연합의 전쟁
- 4년 전쟁 후 북부 연합이 승리하였다.

대통령

제임스 K. 포크

1845–1849

포크 대통령은 영토 확장 욕심이 컸다. '명백한 운명론'의 신봉자이기도 했다.

1898. 04–08

스페인–미국 전쟁

- 당시 세계의 대국들은 식민지를 확장하여 제국을 건설하고자 하였다.
- 쿠바는 스페인으로부터 독립을 원했다.
- 미국은 스페인 권력이 너무 커지는 것을 막기 위해 쿠바를 스페인에서 분리시키고 싶어했다. 미국은 쿠바를 도왔다.
- 미국에 패한 스페인은 파리 조약에 서명하면서 쿠바를 포기하고 푸에르토리코, 괌, 필리핀까지 미국에 넘겼다.

전쟁 1900-1991

1914-1918

제1차 세계 대전
- 독일, 오스트리아-헝가리, 불가리아, 오스만 제국이 포함된 동맹국과 영국, 프랑스, 러시아, 이탈리아, 일본, 루마니아, 미국이 포함된 연합국이 맞서 싸웠다.
- 900만 명에 가까운 군인들이 전사하였다.
- 민간인 사상자는 1,000만 명에 이르렀다.

1939-1945

제2차 세계 대전
- 제2차 세계 대전에서는 추축국(독일, 일본, 이탈리아)과 연합국(영국, 미국, 캐나다, 소련, 프랑스)이 맞서 싸웠다.
- 역사상 가장 많은 나라가 참가하였고, 가장 많은 비용이 들었으며 가장 많은 사상자를 냈다.
- 전쟁 중 3,500만–4,500만 명이 사망한 것으로 추정된다. 이 중 나치의 유대인 수용소에서 살해당한 유대인이 약 600만 명에 이른다.

대통령
우드로 윌슨
1913-1921
전쟁 이후 윌슨은 베르사유 조약의 협상을 도왔다. 이 조약은 평화 조약으로도 알려져 있다. 윌슨 대통령은 평화 유지 노력을 인정받아 1991년에 노벨 평화상을 수상하였다.

대통령
프랭클린 D. 루스벨트
1933-1945
대공황 초기에 당선된 루스벨트는 미국 역사상 유일하게 네 번이나 당선된 대통령이다. 미국인들은 전쟁 동안에도 그의 지도력을 신뢰했다.

1947-1991

냉전 시대

- 미국과 소련 사이의 긴장과 경쟁이 지속되었다.
- 두 강대국은 경제적으로나 정치적으로나 뿌리부터 달랐다.
- 미국이 가장 우려한 것 중 하나는 공산주의의 확산이었다.
- 두 나라는 본격적인 무장 전투를 하지는 않았지만, 전면적인 세계 핵전쟁을 대비해 만반의 준비를 하고 있었다.
- 1989년, 중앙 유럽과 동유럽에 혁명의 물결이 퍼져 소련식 공산주의 국가들이 대거 무너졌다.
- 1991년, 소련이 해체되면서 냉전도 종식되었다.

1950-1953

한국 전쟁

- 소련의 지원을 받은 북한 군대가 반공산주의 국가, 남한을 침략하였다.
- 미국은 남한 측으로 참전하였다.
- 사람들은 북한의 남침을 전 세계를 차지하기 위한 공산주의 캠페인의 시발점으로 보았다. 미국 내에서는 반공주의 히스테리가 일었다.
- 미국, 북한, 중국이 3년간 협상한 끝에 휴전이 결정되었다.
- 약 300만 명이 사망하였다. 이 중 반 이상이 민간인이었다. 미군 약 40,000명이 전사하였다.

전쟁 1955-현재

1955-1975

베트남 전쟁

- 베트남도 한국처럼 제2차 세계 대전 이후에 분단 국가가 되었다. 한쪽은 소련의 지지를 받는 공산주의 국가가 되었고, 반대쪽은 남한, 오스트레일리아, 미국 등의 지지를 받는 민주주의 국가가 되었다.
- 북베트남은 국가를 통일하고자 하였다. 미국은 북베트남이 남베트남을 침략하여 공산화하는 것을 막기 위해 1965년에 공식적으로 지상전에 돌입하였다.
- 베트남 전쟁은 수많은 논란과 반대로 점철된 채 20년간 지속되다, 미국이 철수하면서 끝났다. 베트남은 공산주의로 하나가 되었다.
- 미국인 58,000명을 포함하여 300만 명 이상이 사망하였다.

1990-1991

페르시아 걸프 전쟁

- 이라크가 이웃 국가 쿠웨이트를 침략하였다. 이라크는 쿠웨이트가 자기들의 석유를 훔치고 있다고 주장하였다.
- 사우디아라비아, 이집트 등 여러 아랍 국가들은 미국과 서양의 여러 국가에 중재를 요구하였다.
- 걸프 전쟁은 미국의 거대 공습과 함께 시작되었다. 이 공습을 '사막의 폭풍 작전'이라고 불렀다.
- 42일간 계속된 공습 끝에 조지 H. W. 부시 대통령이 사격 중지를 명령했다. 쿠웨이트에 있던 이라크 군대가 대부분 이미 항복하거나 도망친 후였다.
- 걸프 전쟁은 처음에는 서양 국가들의 연합이 성공한 것으로 보였다. 그러나 지속적인 지역 갈등은 또 다른 전쟁, 이라크 전쟁으로 이어졌다.

2001-현재

아프가니스탄 전쟁

- 2001년 9월 11일, 이슬람 극단주의 단체인
  알카에다 회원들이 뉴욕 세계 무역 센터의
  쌍둥이 빌딩과 미 국방부 본부인 펜타곤에
  승객을 가득 태운 여객기를 충돌시키는
  자살 공격을 감행했다. 네 번째 비행기는
  펜실베이니아의 벌판에 추락하였다.
- 미국 정부는 아프가니스탄의 극단주의 통치
  단체인 탈레반에 알카에다의 지도자 오사마
  빈라덴을 미국으로 인도하라고 요청하였다.
  탈레반은 이를 거절하였다.
- 미국은 아프가니스탄 전쟁을 시작했다.
  탈레반은 바로 수도 카불에서 쫓겨났다.
- 오사마 빈라덴은 2011년 버락 오바마 대통령이
  명령한 작전 중 미군에 사살되었다.
- 전쟁은 현재까지 지속되고 있으며, 미국 역사상
  가장 긴 지상전이다.

2003-2011

이라크 전쟁

- 조지 W. 부시 대통령은
  이라크가 대량 살상
  무기를 가지고 있으며,
  이라크 지도자
  사담 후세인이 언제
  그 무기를 사용할지
  모른다고 주장하며
  몇몇 우방국과 함께
  이라크를 침략하였다.
- 대량 살상 무기는
  발견되지 않았고, 이는
  전 세계 반이라크전
  시위의 물결로 이어졌다.
- 미국은 2011년,
  이라크에서 공식적으로
  군대를 철수하였다.

미국의 영토 확장

1 1620
식민지 13곳

2 1783 파리 조약
영국과 미국의 협상. 이 조약으로 미국은 완전한
독립 국가가 되었고, 미국의 국경은 북쪽으로
오대호, 서쪽으로 미시시피강까지 확장되었다.

3 1803 루이지애나 매입
1,500만 달러를 주고 프랑스로부터 매입한
영토. 지금의 캔자스, 아칸소, 아이오와, 미주리,
오클라호마, 노스다코타, 사우스다코타,
네브래스카, 미네소타, 몬태나, 뉴멕시코,
텍사스, 와이오밍, 콜로라도, 루이지애나.

4 1818 홍하의 골짜기
영국과 미국이 1818년 조약으로 미국과 캐나다
사이 국경을 결정하였다.

5 1819 플로리다 매입
애덤스-오니스 조약. 스페인으로부터 500만
달러에 샀다.

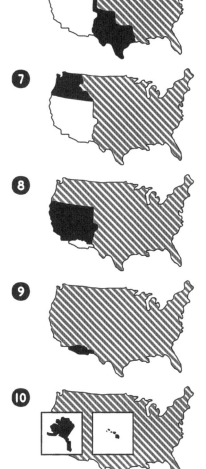

6 1845 텍사스 합병
독립 국가였던 텍사스 공화국이 미국 연방과
합쳐져 연방의 28번째 주가 되었다.

7 1846 오리건 조약
미국과 영국이 서명한 조약으로, 지금의 오리건,
아이다호, 워싱턴, 몬태나와 와이오밍의 일부
지역을 포함한다.

8 1848 멕시코 할양지
멕시코-미국 전쟁 이후 지금의 캘리포니아,
네바다, 유타 그리고 애리조나, 콜로라도,
뉴멕시코와 와이오밍의 일부 지역이 미국에
양도되었다.

9 1853 개즈던 매입
멕시코에 1,000만 달러를 주고 샀다. 지금의
애리조나 남부와 뉴멕시코 남서부 지역이다.

10 1867 알래스카
러시아에 720만 달러를 주고 샀다.

1898 하와이 제도
하와이 왕국이 미국 연방에 합류하였다.
1959년에 미국의 50번째 주가 되었다.

미국의 영토

푸에르토리코

1898년 스페인-미국 전쟁 후,
미국이 푸에르토리코를 통치하였다.
1917년, 푸에르토리코인에게
미국 시민권이 주어졌다.

미국령 버진아일랜드

1916년, 덴마크 서인도 제도 조약이
체결되었다. 조약에 따라 버진아일랜드의
통치권이 덴마크에서 미국으로 넘어왔다.
1927년, 섬 주민에게 미국 시민권이
주어졌다.

북마리아나 제도 연방

북마리아나 제도는 미국령 자치 연방 제도이다.

1986년, 주민 중 자격 요건을 갖춘 사람은 미국 시민이 되었다.

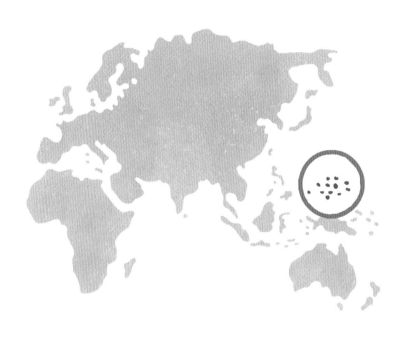

미국령 사모아

1929년에 공식적으로 미국령 사모아를 이양 받았다. 섬 주민들은 미국 국민으로 인정받아 미국을 자유롭게 드나들고 미국에서 거주할 수 있지만 미국 시민권은 없다.

괌

1898년 스페인-미국 전쟁 중 무혈로 괌을 차지했다. 미국은 1952년에 '1899년 4월 11일 이후에 괌에서 태어난 모든 사람'에게 미국 시민권을 부여하였다.

미국의 국경, 도시, 강과 바다

캐나다 국경

알래스카
워싱턴
아이다호
몬태나
미네소타
미시간
오하이오
뉴욕
노스다코타
펜실베이니아
버몬트
뉴햄프셔
메인

멕시코 국경

캘리포니아
뉴멕시코
애리조나
텍사스

미주리강과 미시시피강
미국에서 가장 긴 두 강이다.

1886년,
프랑스는 미국에
자유의 여신상을
선물하였다.
뉴 욕의
리버티섬에
서 있다.

태평양

대서양

미국의 수도
워싱턴 D.C.

시민, 시민권

권리 장전, 수정 헌법 되다

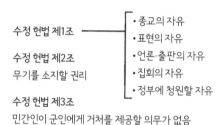

수정 헌법 제1조
- 종교의 자유
- 표현의 자유
- 언론·출판의 자유
- 집회의 자유
- 정부에 청원할 자유

수정 헌법 제2조
무기를 소지할 권리

수정 헌법 제3조
민간인이 군인에게 거처를 제공할 의무가 없음

수정 헌법 제4조
부당한 압수, 수색으로부터 보호받을 권리

수정 헌법 제5조
생명권, 신체의 자유에 대한 권리, 사유 재산권, 불리한 진술을 하지 않을 권리

수정 헌법 제6조
형사 재판에서 피고인의 권리

수정 헌법 제7조
민사 재판에서의 권리

수정 헌법 제8조
과도한 보석금, 과도한 벌금, 과도한 처벌 금지

수정 헌법 제9조
시민의 권리는 헌법에 명시된 것만으로 제한되지 않음

수정 헌법 제10조
연방 정부에 위임되지 않은 권한은 주 정부와 시민에게 있음

수정 헌법 제1조 :
종교의 자유

수정 헌법 제1조 :
표현의 자유

*POTUS: PRESIDENT OF THE UNITED STATES의 줄임말로 대통령을 지칭함

수정 헌법 제1조 :
언론·출판의 자유

수정 헌법 제1조 :
집회의 자유

수정 헌법 제1조:
정부에 청원할 자유

수정 헌법 제2조:
무기를 소지할 권리

*위 그림은 무기를 소지할 권리(RIGHT TO BEAR ARMS)가 '곰 팔을 가질 자유'로도 해석될 수 있음을 재미있게 표현하였다.

수정 헌법 제3조:
민간인이 군인에게 거처를 제공할 의무가 없음

수정 헌법 제4조 :
부당한 압수, 수색으로부터 보호받을 권리

수정 헌법 제5조:
생명권, 신체의 자유에 대한 권리, 사유 재산권, 불리한 진술을 하지 않을 권리

수정 헌법 제6조:
형사 재판에서 피고인의 권리

수정 헌법 제7조:
민사 재판에서의 권리

수정 헌법 제8조:
과도한 보석금, 과도한 벌금, 과도한 처벌 금지

수정 헌법 제9조 :
시민의 권리는 헌법에 명시된 것만으로 제한되지 않음

수정 헌법 제10조:
연방 정부에 위임되지 않은 권한은 주 정부와 시민에게 있음

투표에 관한 수정 헌법 네 가지

수정 헌법 제15조
1870
인종에 따른 투표권 차별을 금지하고 (공식 서류상으로는) 흑인 남성의 투표권을 인정하였다. 그러나 이 수정 조항에도 불구하고 흑인 남성들의 투표를 방해하는 여러 차별이 만연했다.

수정 헌법 제19조
1919
미국 여성의 투표권을 인정하였다. 엘리자베스 케이디 스탠턴, 루크레시아 모트와 수전 B. 앤서니가 여권 신장 운동과 여성 참정권 운동에서 중요한 역할을 했다.

수정 헌법 제24조
1964
의회나 주 정부가 조세 정책을 이용하여 연방 선거 투표권을 제한하거나 거부하는 것을 금지하였다. 이때까지 몇몇 주에서 인두세, 조부 조항*과 협박 등으로 흑인들의 투표를 방해해 왔다.

수정 헌법 제26조
1971
투표 연령을 21세에서 18세로 낮추었다. 당시 베트남전을 반대하던 학생 운동 참여자들이 투표권도 없는 젊은이들을 징집하던 국가의 위선을 지적했던 점이 크게 기여했다.

* 조부 조항(GRANDFATHER CLAUSES): 남부의 몇몇 주는 읽기와 쓰기 시험을 통과한 사람들에게만 투표권을 주면서 동시에 할아버지가 투표권이 있었던 사람들은 시험을 면제해주는 조부 조항을 두었다. 백인들은 문맹이어도 모두 투표권을 가질 수 있었다. 흑인들은 할아버지가 투표권이 있었을 리도 없고, 교육의 기회도 없어 대부분 문맹이어서 투표권을 박탈당했다.

정부 구성

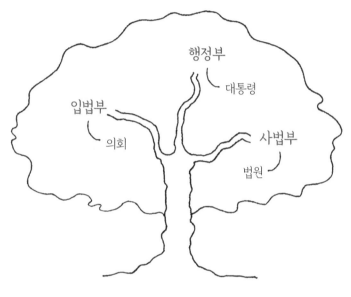

행정부
대통령

입법부
의회

사법부
법원

정부의 어떤 기구도
다른 기구보다 더 강해질 수 없다.

삼권 분립 ✚ 견제와 균형

중앙 집권의 폐해를 우려한 미국 건국의 아버지들은
정부를 세 부분으로 나눠 서로 다른 권력을 갖게 했다.
각 기구는 견제와 균형으로 다른 두 기구의 권력을 조절한다.

견제와 균형

대통령은 의회에서 올리는 법안을 승인하거나 기각할 수 있다.

의회는 대통령이 임명한 인사를 승인하거나 기각할 수 있고, 대통령의 법안 기각을 무효화할 수 있으며, 특수한 상황에서 대통령을 탄핵할 수 있다.

대법원의 대법관은 대통령이 지명하지만, 의회가 지명된 인사를 승인하거나 기각할 권한을 가진다. 대법관은 위헌 법안을 뒤집거나 대통령의 위헌 여부를 판정할 수 있다.

행정부

행정부는 의회에서 제정된 법을 집행한다.

대통령

부통령

내각
내각 구성원은
대통령이 임명하고
의회가 승인한다.
대통령을 자문하는
역할을 한다.

- 대통령은 행정부의 수장이다.
- 대통령의 임기는 4년이다.
- 대통령은 법안을 발효하거나 기각할 권한을 가지고 있다.
- 대통령은 군대의 총사령관이기도 하다.

내각 구성

- 부통령
- 각 부 장관
- 법무 장관

농무부	상무부	국방부
교통부	에너지부	교육부
보훈부	내무부	노동부
국무부	보건 복지부	재무부
국토 안보부	주택 도시 개발부	

대통령이 임무를 수행할 수 없게 되면

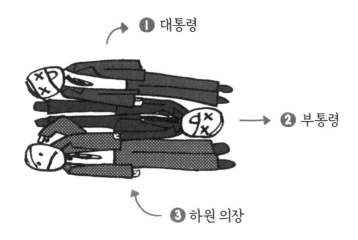

- ❶ 대통령
- ❷ 부통령
- ❸ 하원 의장

4년마다 11월 첫째 주 화요일에 대통령 선거가 있어요. 민주주의 만세! 채식주의도 만세!!!

미국의 역대 대통령

조지 워싱턴
1789-1797

제임스 매디슨
1809-1817

앤드루 잭슨
1829-1837

존 애덤스
1797-1801

제임스 먼로
1817-1825

마틴 밴뷰런
1837-1841

토머스 제퍼슨
1801-1809

존 퀸시 애덤스
1825-1829

윌리엄 헨리 해리슨
1841-1841

10

존 타일러
1841-1845

11

제임스 K. 포크
1845-1849

12

재커리 테일러
1849-1850

13

밀러드 필모어
1850-1853

14

프랭클린 피어스
1853-1857

15

제임스 뷰캐넌
1857-1861

16

에이브러햄 링컨
1861-1865

17

앤드루 존슨
1865-1869

18

율리시스 S. 그랜트
1869-1877

19

러더퍼드 B. 헤이스
1877-1881

20

제임스 A. 가필드
1881-1881

21

체스터 A. 아서
1881-1885

22

그로버 클리블랜드
1885-1889

23

벤저민 해리슨
1889-1893

24

그로버 클리블랜드
1893-1897

25

윌리엄 매킨리
1897-1901

26

시어도어 루스벨트
1901-1909

27

윌리엄 하워드 태프트
1909-1913

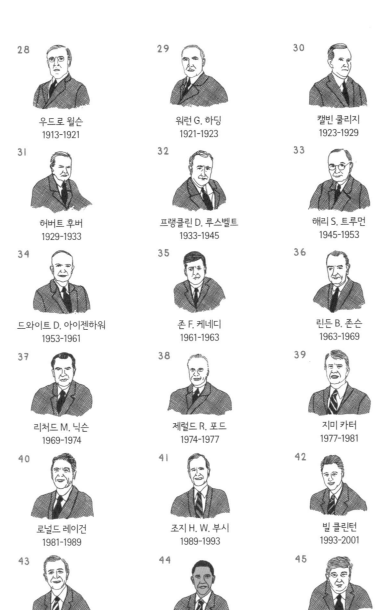

28 우드로 윌슨
1913-1921

29 워런 G. 하딩
1921-1923

30 캘빈 쿨리지
1923-1929

31 허버트 후버
1929-1933

32 프랭클린 D. 루스벨트
1933-1945

33 해리 S. 트루먼
1945-1953

34 드와이트 D. 아이젠하워
1953-1961

35 존 F. 케네디
1961-1963

36 린든 B. 존슨
1963-1969

37 리처드 M. 닉슨
1969-1974

38 제럴드 R. 포드
1974-1977

39 지미 카터
1977-1981

40 로널드 레이건
1981-1989

41 조지 H. W. 부시
1989-1993

42 빌 클린턴
1993-2001

43 조지 W. 부시
2001-2009

44 버락 오바마
2009-2017

45 도널드 트럼프
2017-현재

입법부

입법부는 법을 만들고
대통령이 임명한 인사를 승인하거나 기각하고,
전쟁을 선포할 권한을 가진다.

입법부는 의회(상원과 하원)와
의회를 보조하는 기관들을 포함한다.

미국 시민은 상원과 하원 의원을
선거로 뽑을 권리를 가진다.

연방 법은
의회에서 제정한다.

의회

상원

의원 **100** 명

각 주의
상원 의원은 2명이고
주에 사는 사람들을
대표한다.

임기는 **6** 년

하원

의원 **435** 명

각 주의
하원 의원 수는
인구에 비례해
결정된다.

임기는 **2** 년

법안이 법이 되는 과정

1

아이디어에서 시작한다.
법안의 용도를 설명하는
문서를 작성한다. 이 문서를 만드는 이는
아래와 같다.

- 의원
- 행정부
- 외부 단체

2

상원이든 하원이든 의원만 법안을
발의할 수 있다. 이 예시에서는 법안이
하원으로 먼저 간다. 만약 상원에서
처음 법안을 발의하면 절차는 반대가
된다.

하원

3

다음 단계에서 법안은 위원회로 간다.
의원들은 법안에 대해 토론하고,
연구하고 수정한다. 위원회는 법안을
승인하거나, 추가 연구를 위해
소위원회로 보내거나, 부결한다.

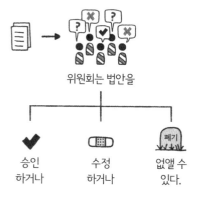

위원회는 법안을

| 승인 | 수정 | 없앨 수 |
| 하거나 | 하거나 | 있다. |

4

하원에서 법안을 토론하고 수정 조항을
추가하기도 한다. 이후 투표를 한다.
하원 의원의 과반수가 법안에 찬성하면
이 안을 상원으로 보낸다.

5

상원에서 상원 의원이 이 법안을
발의한다. 법안이 위원회로 간다.
하원에서와 마찬가지로 의원들이
법안을 승인하거나, 수정하거나,
부결할 수 있다.

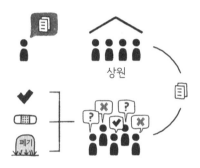

6

상원에서 법안을 토론한다.
수정 조항이 추가될 수 있다. 의원의
과반수가 수정된 법안을 찬성하면,
법안은 다시 하원으로 보내 최종
투표를 거친다.

8

대통령이 법안을 승인하면 법이 된다.
만약에 대통령이 법안을 기각하면,
의회는 투표로 대통령의 기각을
뒤집을지를 정한다. 상원과 하원에서
각 의회의 의원 3분의 2가 찬성하면
대통령의 기각이 무효가 된다.

7

법안의 최종안에 대해 양원이
동의해야 한다. 위원회가 합의하면
법안이 대통령에게 간다.

사법부

- 법을 검토한다.
- 법의 의미를 해석한다.
- 개별 사건에 법을 적용한다.
- 법이 헌법에 어긋나지 않는지 결정한다.

  대법원과 연방 법원들로 이루어져 있다.

대법원

- 미국에서 가장 높은 법원이다.
- 대법원에는 대법원장과 대법관 8명이 있다.
- 대법관은 대통령이 임명하고, 상원의 승인을 받아야 한다.
- 원하면 사퇴하거나 은퇴할 수 있지만 임기는 평생인 종신직이다. 평균 16년 근속한다.

대법원에는 모두

9명의 **법관**이 있다.
JUSTICES

법의 지배

법 위에 사람 없다. 모든 사람은 법을 지켜야 한다.

사람 없다

법

너, 나, 우리

내가 미국에 간다면 기억하고 싶은 인물

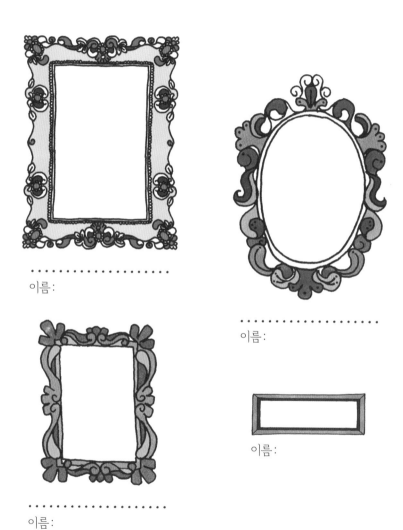

이름:

이름:

이름:

이름:

이름:

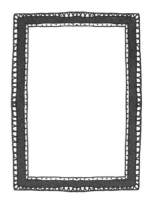

이름:

이름:

이름:

이름:

이름:

연방제

미국에서는 정부의 권력이 미국 정부(연방 정부)와 주 정부로 나뉜다.

1788-1937
이원 연방주의

연방 정부와 주 정부의 권력이 완전히 분리되어 있었다.
이원 연방주의는 '레이어 케이크 연방주의
(LAYER CAKE FEDERALISM)'라고도 한다.

1937- 현재
협력적 연방주의

협력적 연방주의는 연방 정부가 주와 지방이
국가적으로 설정된 목표를 따르도록 권장한다.
이런 체제에서는 권력이 복합적이다.
'마블 케이크 연방주의(MARBLE CAKE FEDERALISM)'라고도 한다.

지원금
(격려와 협력)

연방 정부   주 정부

연방 정부는 교육과 교통 같은
특정 용도로 사용할 예산을
주 정부에게 준다.

협력적 연방주의에서는 주가 따라야 하는
규정과 규제를 연방 정부가 제정하기도
한다. 주 정부의 협력 여부에 따라
보조금을 주거나 주지 않기도 한다.

연방 정부   주 정부

정부의 책임

주 정부와 연방 정부는 각 분야를 책임진다.

주와 지방 정부	연방 정부

공원과 휴양지	공립 학교와 공공 도서관	주 내의 토지와 동물 보호	화폐 인쇄	법 제정

경찰과 소방	공공사업	도로와 고속도로	국제 조약	우편 서비스

대중교통	애완동물 등록	운전면허와 자동차 등록	전쟁 선포, 군대 설립

미국에 사는 모든 사람의 권리

- 표현의 자유
- 종교 활동의 자유
- 언론의 자유
- 집회의 자유
- 무기를 소지할 자유
- 정부에 청원할 자유

미국 시민권자만 가지는 권리

하이 파이브

권리

- 연방 공직에 출마할 권리
- 연방과 지방 정부 선거 투표권

의무

- 배심원 활동 의무
- 연방과 지방 정부 선거 투표 의무

연방 소득세 납세 신고 마지막 날은

4월
15

- 세금은 정부가 역할을 수행하는 데 필요한 비용을 마련하기 위해 걷는 돈을 말한다. 미국에서는 주세와 연방세가 있다.
- 세금은 소득, 임금, 재산, 판매, 배당금, 양도 소득, 상속액과 증여액에 부과된다.

미국의 경제 체계는 자본주의,
또는 시장 경제 체제로 불린다.
이런 체계에서는 개인이 자본을
소유하고, 자본을 어디에
투자할지 결정할 수 있다.
상품의 가격, 생산과 분배는 주로
자유로운 시장에서 경쟁을 통해
결정된다.

미국인들은 어떻게
민주주의에 참여하지?

당나귀와 코끼리

미국의 두 주요 정당을 상징한다.

* 잭애스(JACKASS)는
당나귀와 멍청이라는
뜻을 함께 가진다.

- 1824년 앤드루 잭슨이 대통령 선거에 출마하여
  낙선했다. 너무 분한 나머지 대선에 재도전하기로
  결정하고 새로 정당을 만들었다. 바로 민주당이다.
- 상대편들은 잭슨에게 '앤드루 잭애스*'라는 별명을
  지어줬다. 잭슨은 이 별명을 거부하기보다는
  수용하여 선거 홍보 포스터에도 당나귀를
  마스코트처럼 이용했다.
- 1829년, 앤드루 잭슨은 대선에 재출마하였다.
  이번에는 성공하여 민주당에서 당선된 첫 대통령이
  되었다.

**토머스 내스트
만화가**

- 당나귀를 민주당의
  상징으로 유행시키고
  공화당의 상징,
  코끼리를 만들었다.
- 오늘날의 산타클로스
  이미지도 만들었다.

- 1854년, 공화당이 만들어졌다.
- 1861년, 에이브러햄 링컨이 공화당에서 처음으로
  대통령이 되었다.
- 공화당을 지칭하는 GRAND OLD PARTY(GOP)라는
  속칭은 1875년 연방 의회 의사록에 처음 사용되었다.
- 공화당의 상징으로 코끼리를 처음 소개한 이는
  토머스 내스트다. 1974년 《하퍼스 위클리》 만평에
  처음으로 등장하였다.

의회와 중간 선거

대통령 선거와 의회 선거는 4년마다 한다.

1년차

중간 선거와 의회 선거

대선 2년 후

2년차

예비 선거와 전당 대회

3년차

대통령 선거와 의회 선거

4년차

- 중간 선거는 보통 투표율이 높지 않다. 일반 선거에 투표하는 인구의 40퍼센트 정도가 중간 선거에도 투표한다.
- 투표하는 사람들은 보통 특정 정당의 지지자이거나 이념을 공유하는 이들이다.

 의회

- 중간 선거에서는 주를 대표하는 의원을 선출한다.
- 상원 의원의 3분의 1과 하원 의원 435명 전원을 선출한다.
- 상원 의원은 6년마다 선출되고, 하원 의원은 2년 간격으로 선출된다.
- 의회는 연방 정부에서 직접 선거를 실시하는 유일한 부처이다.

의회 의원, 주지사와 지방 자치 단체장 들은 직접 선거로 선출된다. 투표자의 표가 대의원 또는 선거인에게 가는 대통령 선거와 달리 중간 선거에서는 투표자의 한 표가 후보에게 바로 간다.

지방 정치에 관심을 가져야 한다.

지방 정책이 주 정책에 영향을 미치고, 주 정책이 연방 정책에 영향을 미친다.

많은 큰 개혁들이 풀뿌리 운동에서 시작되었다.

주지사
- 주지사는 주의 수장이다.
- 36개 주가 중간 선거에서 주지사를 선출한다.
- 주 예산 책정, 주 법안 통과 또는 기각, 주 정부 관리 그리고 주 법원 판사를 포함한 주 관료들을 임명한다.

주 의회
- 전반적인 체계는 연방 의회와 동일하지만 몇 가지 차이점이 있다.
- 의원들은 주 법안을 검토 후 승인하거나 부결한다.
- 주 예산을 확정한다.

지방 자치 단체
- 주들은 여러 방법으로 행정 구역을 나눈다. 주는 카운티(자치구나 교구로 나뉘기도 한다)로 나뉘며, 그 안에 시나 타운 같은 지방 자치 단체들이 있다.
- 지방 자치 단체장은 지역민들의 일상에 영향을 미치는 결정을 담당한다.

주와 지방 선거

지방 정부 정책은 시민들의
일상생활에 직접적으로 영향을
미친다. 더 좋은 공동체를 만들기
위해서는 투표율을 높여야 한다.

사람들이 지방 선거에서 투표를
하지 않는다면 여러 공공 서비스도
영향을 받을 것이다.

사업 지원

공공 정원

병원

경찰

응급 서비스

공공 주택

공항

교도소

차량 관리국

도로와 고속도로

공원과 휴양지

토지 사용

대중교통

공립 교육

공공사업

지방 법원

도서관

소방서

예비 선거와 전당 대회

예비 선거와 전당 대회는 각 당의 대선 후보를 정하는 과정이다.
예비 선거와 전당 대회 모두 주 단위에서 실시된다.

- 예비 선거는 주 단위로 이루어지고,
  주 정부가 조직한다.
- 각 당의 당원들은 자신이 지지하는
  당의 대선 후보에게 투표한다.

- 전당 대회는 지역 당원 집회로,
  주 정당 관료들이 운영한다.
  투표자들은 지지할 후보를 결정한다.
- 투표자들은 소규모 집단으로 모이고
  투표는 대부분 손을 들어 한다.
- 아이오와 전당 대회가 항상 첫 번째로
  열리며, 선거철의 시작을 알린다.

4월   5월   6월

예비 선거와 전당 대회는 **간접 선거이다**

투표자들은 자기가 좋아하는
특정 후보를 지지하는 **대의원을 선출한다.**
대의원들은 주를 대표하여 전국 단위 전당 대회에서
대선 후보를 선출한다. 대의원의 과반수 표를 받은
후보가 정당의 대선 후보가 된다.

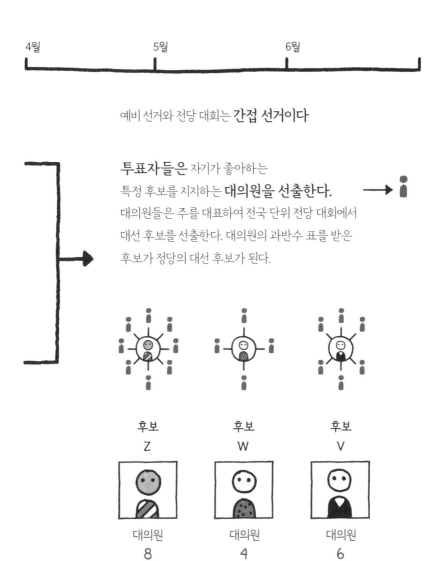

후보
Z

후보
W

후보
V

대의원
8

대의원
4

대의원
6

전국 전당 대회

- -

| 7월 | 8월 | 9월 |

각 정당은 전국 전당 대회에서
대통령과 부통령 후보를 발표한다.
일반적으로는 지역 전당 대회와 예비 선거에서
자신을 지지하는 대의원 수를 충분히 확보한
예비 후보를 대선 후보로 확정한다.
그런데 전당 대회 전까지
대의원의 과반수를 확보한 후보가 없는 경우에는
전국 전당 대회에서 대선 후보를 뽑는다.

선거 운동

10월   11월

각 정당의 대선 후보는 전국을 돌아다니며 계획과
견해를 공유한다. 선거 운동은 토론, 집회, 광고, 모금
행사 등으로 이루어진다. 선거 운동은 선거일 1년 전,
또는 더 일찍 시작할 수도 있다.

미국의 선거 절차
선거 당일

11월

선거는 11월의 첫 월요일 다음 날인 화요일에 치른다. 2016년 대선에는 전체 유권자의 약 55퍼센트가 투표했다. 세계의 다른 민주주의 국가들에 비하면 낮은 편이다. 미국에서는 많은 투표자가 정당에 대한 선호가 없거나 정치적 편향이 없다.

선거인단

시민들이 대통령 선거에서 투표할 때는 특정 후보에게 투표를 하겠다고 서약한 선거인에게 투표한다. 미국 건국의 아버지들은 의회 선거와 국민 투표의 절충안으로 선거인으로 이루어진 선거인단 제도를 수립했다.

선거인

주별 선거인의 숫자는 주 인구에 따라 정해진다.

각 주의 선거구 수
+ 상원 의원 2명
─────────────
주의 선거인 수

전국의 선거인 인원 = 538명

일리노이주
총 20표

Y정당 후보

8표

Z정당 후보

12표

대부분의 주에서는 승자가 전체 표를 독식한다.
특정 주에서 과반수의 선거인이 한 후보에
투표하면, 그 주의 선거인단은 모두 그 후보에
투표한 것으로 된다.

Z정당이 일리노이주에서 승리하여
일리노이주의 선거인 정원 20명을
모두 확보한다.

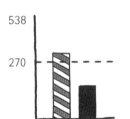

538

270

후보가 대선에서
승리하려면 선거인단
50퍼센트 이상의 표를
받아야 한다.

270은 '마법의 숫자'

취임일

새로 선출된 대통령과 부통령은 1월 20일,
워싱턴 D.C.의 국회 의사당에서 취임 선서를 한다.

선거에 어떻게 참여하나?

투표자로 등록한다.

미리 해 두기!

이름이나 주소가
바뀌었다면
재등록해야 한다.

미국의 선거에서
투표하려면 **18세
이상**이어야 한다.

2

살고 있는 주의
정당 예비 선거나 전당
대회가 개방형인지
폐쇄형인지 알아본다.

개방형

외부에 개방된 예비
선거나 전당 대회라면
**등록된
모든 투표자**가
참여할 수 있다

가서 바로
참여 가능!

폐쇄형

폐쇄형인 예비 선거나
전당 대회에는
**당원으로 등록된
투표자**만 참여할 수
있다.

참여하고 싶다면 지지하는 당의
당원으로 등록해야 한다.

③
투표하러
간다!
투표로
나의 의사를
표현한다.

예비 선거,
전당 대회,
대통령 선거에
참여한다.

전당 대회에 간다면
늦지 않도록
**시간을
잘 지킬 것!!!**

로비 활동

로비란?

- 자유롭게 의견을 표현할 권리, 결정에 영향력을 미칠 수 있는 권리, 정부에 청원할 권리이다.
- 로비스트들은 개인이나 단체를 대변하여 입법과 규제 등 정부의 결정, 조치, 정책에 영향을 미친다.
- 로비스트들은 정치적으로 영향력이 가장 큰 집단 중 하나이다. 법안을 통과시키기도 하고 프로그램의 예산을 확보하기도 하고 정치인이 선출되도록 돕기도 한다.

어떤 사람들이
로비스트가 될까?

- 로비스트들은 대부분 정부에서 일한 경험이 있는 사람들이다. 정부가 작동되는 절차를 알고 정부에서 일하는 사람과 인연이 있는 것이 로비 활동에 매우 유용하다.
- 로비스트는 자신들이 추진하는 사안이 승인되도록 의회 의원에게 청원하는 개인이나 단체일 수도 있다.
- 로비스트는 매우 막강한 회사이기도 하다. 그들은 대기업에 고용되어 그 기업의 이익을 대변한다.

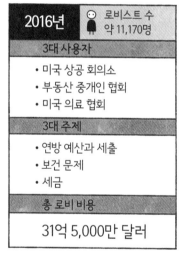

2016년	로비스트 수 약 11,170명
3대 사용자	
• 미국 상공 회의소 • 부동산 중개인 협회 • 미국 의료 협회	
3대 주제	
• 연방 예산과 세출 • 보건 문제 • 세금	
총 로비 비용	
31억 5,000만 달러	

 개인이나 단체를 대신하여 로비

 회사를 대신하여 로비

사람들을 위한 로비

많은 로비스트는 국민 다수에게 도움이 되는 사안에 대해 의회의 지지를 얻기 위해 일한다. 주로 에이즈 예방, 아동 복지, 빈곤 구제, 기후 문제, 소액 대출, 교육, 장애 관련 문제, 보건과 노동자 인권 등이다.

갤럽 설문에 참여한 사람 중 **55퍼센트**가 로비스트들이 의회의 결정에 영향을 미친다고 믿었다.

참여한 사람 중 **7퍼센트만**이 로비 활동을 순수하고 윤리적인 직업이라고 생각했다.

국가를 위한 로비

국제화 시대에 미국의 정책은 다른 나라에도 영향을 미치기 때문에 외국 기업이나 타국 정부도 워싱턴 D.C.에서 로비 활동을 한다.

사기업을 위한 로비

- 전문 로비 업체들은 고객을 대변해서 로비 활동을 하고 큰돈을 번다.
- 기업들은 로비에 많은 돈을 들인다. 로비에 성공하면 기업은 큰 혜택을 받을 수 있기 때문이다.
- 성공적인 로비의 예로 '미국 일자리 창출법'이 있다. 몇몇 대기업이 함께 힘이 센 로비 회사를 고용하여 다국적 기업에게 일시적으로 세금을 감면해주는 법안을 지지하였다. 법인세는 35퍼센트에서 5퍼센트로 인하되었다. 해당 기업들은 로비 회사에 투자한 1달러당 220달러의 세금 혜택을 받았다.

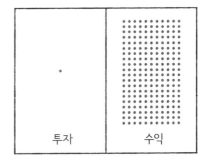

투자　　　　수익

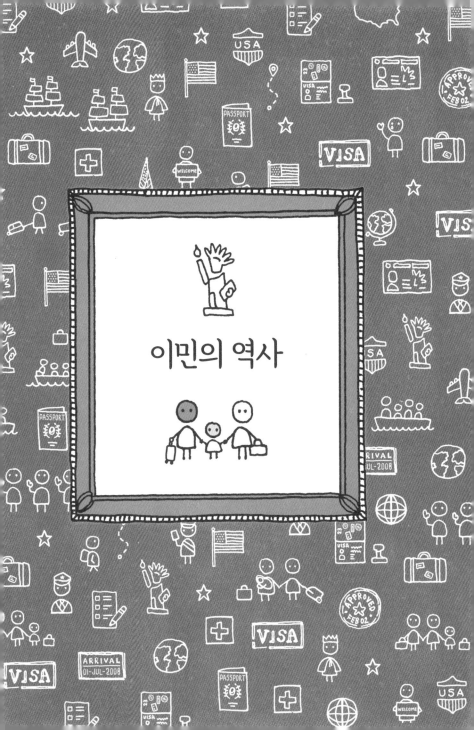

이민의 역사

이민자의 나라

위대한 공화국의 시민으로 살아가는 것,
울려 퍼지는 우리의 노래를 듣는 것,
익숙한 고향을 떠나 새로운 기회를 만들고자
미국에 온 4,000만 이민자들의 자손임을
깨닫는 것은 자랑스러운 특권입니다.

우리 조상들이 깊이 공감하고 함께 나눴던
위대한 생각을 1963년에 다시 나눈다는 것,
그들이 그랬던 것처럼 이 나라를 정말로 우리
자신과 우리를 바라보는 이들을 위한 새 나라로
만드는 것, 이런 기회를 마음의 짐이 아니라
특권으로 받아들여야 한다고 생각합니다.

이 단체가 50년 동안 지켜온 신념입니다.
200년간 이 나라가 지켜왔고
앞으로도 지켜나갈 신념이기도 합니다.

존 F. 케네디 대통령
1963년 1월 31일
반명예훼손 연맹 50주년 기념식에서

| 언제? | 30,000-10,000년 전 | 1500 |

누가?

유라시아에서 온 사람들

왜?

탐험을 위해

어떻게?

시베리아와 알래스카를
잇는 육로를 통해

어디로?

- 북아메리카
- 중앙아메리카
- 남아메리카

식민지 시대

한 지역의 정치 세력이 다른 지역의
영토를 식민지로 설정하고, 그 영토를
유지, 확장, 개발하는 것을 의미한다.
지배국과 식민지 간 그리고 식민지
권력자들과 원주민들 간의 관계가
불평등하다.

누가?

스페인인, 포르투갈인,
프랑스인, 이탈리아인, 영국인

왜?

식민지 건설을 위해

어디로?

지금의:

- 앨라배마
- 루이지애나
- 미시시피
- 플로리다
- 캘리포니아
- 텍사스
- 뉴멕시코
- 애리조나
- 뉴욕

1607	1620	1626

누가?
영국인

왜?
식민지 지배를 위해

어디로?
지금의 버지니아,
제임스타운, 메릴랜드

누가?
영국인 필그림*

왜?
종교적 자유를 찾아

어디로?
지금의 :
• 매사추세츠
• 코네티컷
• 로드아일랜드
• 뉴햄프셔

누가?
네덜란드인

왜?
동인도 회사의
무역을 위해

어디로?
지금의 뉴욕시,
올버니*

＊올버니(ALBANY) :
　뉴욕의 주도

> 거 봐, 내가 아시아에
> 데려다준다고 했지?

＊필그림: 영국의 종교적 탄압을 피해 아메리카로 간 초대 이주민 집단. '순례자'라는 뜻이다.

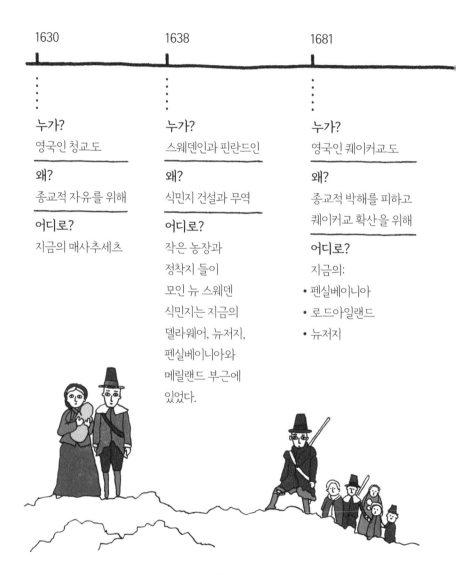

1630

누가?
영국인 청교도

왜?
종교적 자유를 위해

어디로?
지금의 매사추세츠

1638

누가?
스웨덴인과 핀란드인

왜?
식민지 건설과 무역

어디로?
작은 농장과
정착지 들이
모인 뉴 스웨덴
식민지는 지금의
델라웨어, 뉴저지,
펜실베이니아와
메릴랜드 부근에
있었다.

1681

누가?
영국인 퀘이커교도

왜?
종교적 박해를 피하고
퀘이커교 확산을 위해

어디로?
지금의:
• 펜실베이니아
• 로드아일랜드
• 뉴저지

1708	1710

누가?
독일계 팔츠인*

왜?
경제적 기회를 찾아

어디로?
지금의 :

- 뉴욕
- 뉴저지
- 노스캐롤라이나

*팔츠(GERMAN
PALATINATE) : 지금의
독일 서남부에 위치한
역사적 지역 중 하나로,
당시 신성 로마 제국의
일부였다.

누가?
스코틀랜드계
아일랜드인

왜?
종교적 자유와
경제적 기회를 찾아

어디로?
지금의:

- 펜실베이니아
- 버지니아
- 노스캐롤라이나
- 사우스캐롤라이나
- 인디애나
- 오하이오
- 조지아

1775   1790

1790년 인구 통계

미국 연방 최초의 인구 통계였다.

총 인구

3,929,214 명 → 아메리카 원주민은
포함되지 않았다.

1790년,
미국으로 이주하여
살던 사람의 수:

아프리카인 : 360,000명

영국인 : 230,000명

스코틀랜드계 아일랜드인 : 135,000명

독일인 : 103,000명

스코틀랜드인 : 48,500명

아일랜드인 : 8,000명

네덜란드인 : 6,000명

웨일스인 : 4,000명

프랑스인 : 3,000명

스웨덴인 : 500명

그 외 : 50,000명

1790년 귀화법

귀화 신청을 하려면
도덕성이 좋고
노예가 아닌
백인이어야 하며,
미국에서 최소 2년
거주해야 한다는
조건을 명시했다.

1820   1830   1845   1846

누가?
아일랜드인

왜?
경제적 기회를 찾아

어디로?
• 펜실베이니아
• 매사추세츠
• 뉴욕
• 로드아일랜드

승선자 명단
이민 기록을
남기기 위해
이때부터
승선자 명단을
받기 시작했다.

누가?
독일 인근 유대인

왜?
경제적 기회를 찾아

어디로?
지금의
사우스캐롤라이나의
찰스턴

누가?
아일랜드인

왜?
대규모 기아와 질병을 피해

어디로?
• 펜실베이니아   • 뉴욕
• 메릴랜드   • 미시간
• 미네소타   • 일리노이
• 매사추세츠
지금의 :
• 캘리포니아   • 미주리

반천주교와 반이민 단체들의 출현
노나씽(KNOW-NOTHINGS)은 미국에서 태어난 개신교도를
중심으로 개신교와 공화국의 가치를 수호하는 조직이었다.
사회 운동 단체이자 정당으로, 비밀 결사였다. 붙잡혔을 때
'나는 아무것도 모른다'라고 대답하기로 정해 이런 이름을
갖게 되었다.

1848년의 유럽 혁명

1848	1849	1850

누가?
멕시코인

왜?
미국과 멕시코의
평화 조약에 따라

어디로?
지금의:
• 뉴멕시코
• 캘리포니아

📄

과달루페 이달고 조약
뉴멕시코와
캘리포니아에 거주하는
멕시코 사람들에게 미국
시민권을 부여했다.

누가?
'사십팔년도 사람들'로
알려진 유럽의 사회
운동가와 지식인 들

왜?
1848년 유럽의 혁명들이
실패하여 이주

어디로?
• 텍사스
• 오하이오
• 위스콘신

누가?
• 중국인
• 남아메리카인
• 오스트레일리아인
• 유럽인

왜?
• 골드러시*
• 공장 취업
• 철도 건설

어디로?
• 캘리포니아

1850년 인구 통계
미국에서 태어난
사람들의 출생지를
기록한 첫 인구
통계였다.

---

* 골드러시 : 1848년 캘리포니아에서 황금이 발견되자 미국 각지와 해외에서 약30만 명이 몰려들었다.

남북 전쟁

스웨덴 기근

| 1861 | 1866 | 1868 | 1870 |

수정 헌법 제14조

미국에서 태어난
아이들은 부모의
국적과 상관없이
미국 시민이 된다.

반중국인 정서

중국에서 이민 온 노동자들은 심한 차별을
받았다. 특히 빈곤층 백인들 사이에 반중국
정서가 팽배했다. 정치인과 노조 간부 들은 백인
하층민의 경제적 어려움이 중국인 노동자들
때문이라고 주장하며 책임을 전가했다.
캘리포니아에서 반중국인 단체들이 조직되기
시작했다.

누가?
스웨덴인과 핀란드인

왜?
기근, 빈곤, 흉작

어디로?
• 미네소타
• 위스콘신
• 미시간
• 오리건
  지금의:
• 워싱턴

1870년 귀화법
귀화법을 확장하여
아프리카에서 태어난
체류자와 아프리카계
미국인 후손에게도
적용하였다.

1880   1882   1892

누가?

독일인, 영국인, 아일랜드인,
프랑스계 캐나다인, 이탈리아인,
그리스인, 헝가리인, 폴란드인

왜?

- 증기선 발명으로
  돛단배들이 없어지고
  승선료가 내려갔다.
- 15–30세의 젊은층이 새로운
  기회를 찾아 미국으로 이주했다.

어디로?

- 뉴욕
- 펜실베이니아
- 일리노이
- 매사추세츠

중국인 배척법

중국인 노동자들의
이민을 금지하는
연방 법안이다.

엘리스섬 1892–1954

뉴욕으로 들어오는 여객선의 입국 심사를
하던 곳이다. 이민자 총 1,200만 명이
이 입국장을 통과했다.

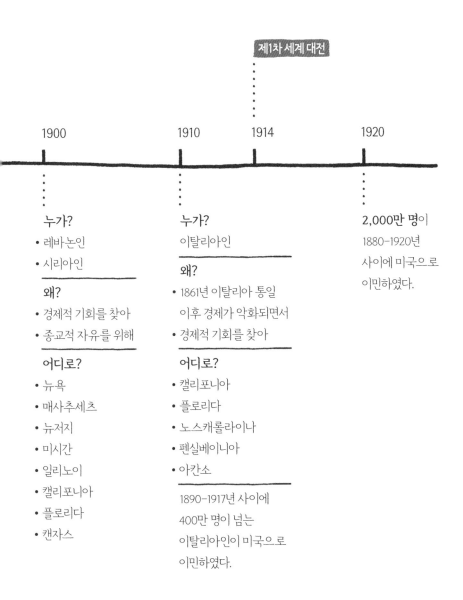

제1차 세계 대전

1900 1910 1914 1920

누가?
• 레바논인
• 시리아인

왜?
• 경제적 기회를 찾아
• 종교적 자유를 위해

어디로?
• 뉴욕
• 매사추세츠
• 뉴저지
• 미시간
• 일리노이
• 캘리포니아
• 플로리다
• 캔자스

누가?
이탈리아인

왜?
• 1861년 이탈리아 통일 이후 경제가 악화되면서
• 경제적 기회를 찾아

어디로?
• 캘리포니아
• 플로리다
• 노스캐롤라이나
• 펜실베이니아
• 아칸소

1890–1917년 사이에 400만 명이 넘는 이탈리아인이 미국으로 이민하였다.

2,000만 명이 1880–1920년 사이에 미국으로 이민하였다.

1924

1939

1942-1946

1924년 이민법 👎
존슨-리드법

- 출신지 별로 상한을 정해 이민을 제한하였다.
- 이 법은 북부 유럽과 서부 유럽 이민자들에게는 유리했다. 아시아, 남부 유럽과 남미에서 오는 이민자들을 차별하였다.

- 전쟁 중에는 대서양을 건너오는 여객선의 수가 줄어들었다.
- 미국 비자를 받는 과정이 훨씬 엄격해졌다.

재미 일본인 강제 수용 👎

- 조상이 일본인인 사람 약 120,000명이 강제 노동 수용소에 격리되었다. 이중 62퍼센트는 미국 시민권자였다. 당시 한국은 일본의 식민지여서 한국인도 일본인으로 분류되어 격리 수용되었다.
- 프랭클린 D. 루스벨트 대통령이 일본의 진주만 공격 2개월 후에 이 조치를 승인하였다.

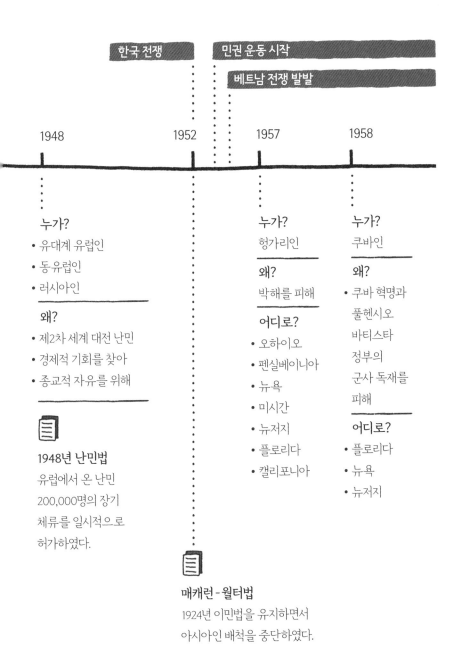

민권 운동 시작

베트남 전쟁 발발

1948
1952
1957
1958

누가?
- 유대계 유럽인
- 동유럽인
- 러시아인

왜?
- 제2차 세계 대전 난민
- 경제적 기회를 찾아
- 종교적 자유를 위해

1948년 난민법
유럽에서 온 난민
200,000명의 장기
체류를 일시적으로
허가하였다.

누가?
헝가리인

왜?
박해를 피해

어디로?
- 오하이오
- 펜실베이니아
- 뉴욕
- 미시간
- 뉴저지
- 플로리다
- 캘리포니아

누가?
쿠바인

왜?
- 쿠바 혁명과
  풀헨시오
  바티스타
  정부의
  군사 독재를
  피해

어디로?
- 플로리다
- 뉴욕
- 뉴저지

매캐런-월터법
1924년 이민법을 유지하면서
아시아인 배척을 중단하였다.

민권 운동

1965   1978

1965년 이민 귀화법
하트-셀러법
- 민권 운동의 산물이다.
- 출신지별 이민 상한을 폐지하였다.
- 미국 시민권자의 가족과 기술 이민자에 초점이 맞춰졌다.

누가?
- 베트남인
- 캄보디아인

왜?
- 경제적 기회를 찾아
- 전쟁 난민이 되어

어디로?
- 캘리포니아
- 텍사스
- 오하이오
- 매사추세츠
- 로드아일랜드
- 워싱턴
- 오리건

124

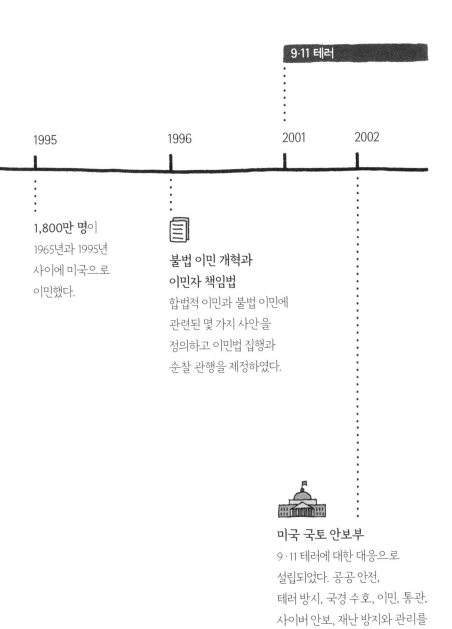

9·11 테러

1995   1996   2001   2002

1,800만 명이
1965년과 1995년
사이에 미국으로
이민했다.

**불법 이민 개혁과
이민자 책임법**
합법적 이민과 불법 이민에
관련된 몇 가지 사안을
정의하고 이민법 집행과
순찰 관행을 제정하였다.

미국 국토 안보부
9·11 테러에 대한 대응으로
설립되었다. 공공 안전,
테러 방지, 국경 수호, 이민, 통관,
사이버 안보, 재난 방지와 관리를
책임진다.

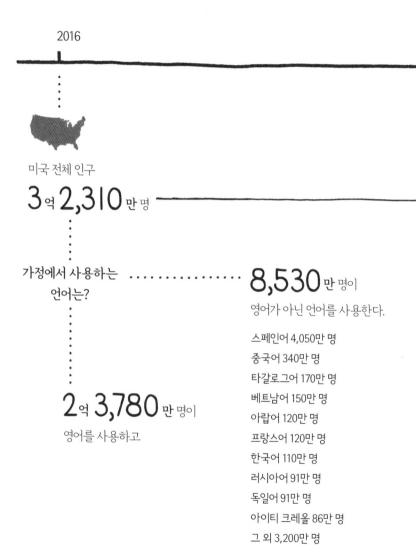

2016

미국 전체 인구

3억**2,310**만 명

가정에서 사용하는 .... **8,530**만 명이
언어는?

영어가 아닌 언어를 사용한다.

스페인어 4,050만 명

중국어 340만 명

타갈로그어 170만 명

베트남어 150만 명

아랍어 120만 명

프랑스어 120만 명

한국어 110만 명

러시아어 91만 명

독일어 91만 명

아이티 크레올 86만 명

그 외 3,200만 명

2억**3,780**만 명이

영어를 사용하고

이민자
4,330만 명

2,070만 명
귀화한 미국 시민권자

2,260만 명은
- 장기 체류자(영주권자)
- 임시 비자로 살고 있는
  거주자들(학생과 노동자)
- 불법 체류자

비자

미국 비자는 외국인이 출입국 항구, 공항이나 국경 검문소에서 미국으로 입국할 허가를 요청할 자격을 부여한다.

비자가 있다고 해서 무조건 입국할 수 있는 것은 아니다. 미국 세관 및 국경 수비대가 입국을 거부할 권한을 가지고 있다.

비자는 여권 안에 인쇄된다.

비자 종류

임시(비이민)

목적 :
- 관광
- 국제 기구
- 단기 노동자
- 학생
- 정부
- 군사

영주(이민)

목적 :
- 미국 시민권자의 배우자/약혼자
- 입양 아동
- 미국 시민권자나 영주권자의 가족원
- 직장 보증

영주권

영주권자가 되려면,
- 시민권을 가진 가족원이 보증한다.
- 직장이 보증한다.
- 난민 또는 망명자로 인정받는다.
- 영주권 카드인 그린 카드 복권에 당첨된다.
- 투자자로 신청한다.
  이중 하나만 충족하면 된다.

그린 카드.
영주권자는
그린 카드를 받는다.

영주권자의 권리
- 미국 어디에서나 거주하고 취업할 수 있다.
- 자격 요건을 충족하면 귀화 신청을 할 수 있다.
- 배우자나 결혼하지 않은 자녀의 비자를 신청할 수 있다.
- 사회 보장 제도의 수혜를 받고, 보조 수당을 받거나 자격 요건 충족 시 노인이나 장애인 의료 보험을 받을 수 있다.
- 미국에서 토지를 소유할 수 있다.
- 운전면허를 발급받을 수 있다.
- 특정 조건 아래서 미국을 자유롭게 입출국할 수 있다.
- 공립 학교와 공립 대학교를 다닐 수 있다.
- 거주 지역 법에 따라 총기를 구입하거나 소지할 수 있다.

영주권자의 책임
- 연방, 주, 지방 법을 지켜야 한다.
- 연방, 주, 지방 세금을 내야 한다.
- 그린 카드를 항상 가지고 다녀야 한다.
- 18세에서 26세 사이의 남성이라면 징병 대상 등록 시스템에 등록해야 한다.
- 본인의 이민 상태를 유지해야 한다.
- 이사를 할 때마다 국토 안보부에 새로운 주소를 알려야 한다.

시민권 신청 절차

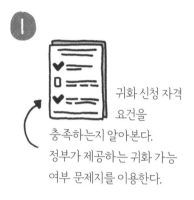

1 귀화 신청 자격
요건을
충족하는지 알아본다.
정부가 제공하는 귀화 가능
여부 문제지를 이용한다.

2 귀화 신청서
'N-400'을
작성한다.

3 제출한다

 N-400

+

추가 제출 서류

+

신청료

4 예약 날짜가 잡히면
가서 생체 정보를
등록한다.

SIGNATURE

5 면접을 준비하고 귀화 시험 공부를 한다.

귀화 면접에서는 신청한 내용과 개인사에 대한 질문을 받게 된다.
영어와 시민 의식 시험도 봐야 한다. 영어 시험은 읽기, 쓰기와 말하기를
포함한다. 시민 의식 시험을 준비해야 한다. www.uscis.gov에
질문 목록이 있다. 정답은 대부분 이 책에 담겨 있다.

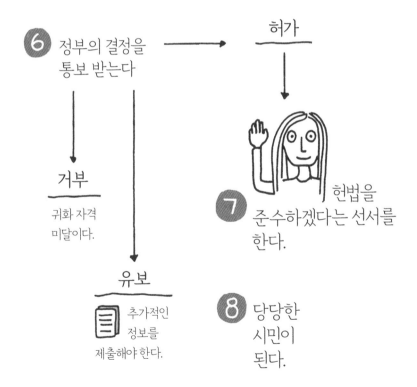

허가

6 정부의 결정을
통보 받는다

거부

귀화 자격
미달이다.

유보

추가적인
정보를
제출해야 한다.

7 헌법을
준수하겠다는 선서를
한다.

8 당당한
시민이
된다.

별 50개

주당 별 하나

13줄

초기 식민지 13곳

나는 미합중국의 국기에 대해
그리고 그것이 표상하는
모든 사람을 위해
자유와 정의가 함께하고
신 아래 갈라질 수 없는
하나의 국가인 공화국에
충성을 맹세합니다.

충성의 맹세

미국 국기와 국가에 대한 충성을 표현하는 맹세이다.

미국 국가

별이 반짝이는 깃발

1절

오, 보이는가, 저기 새벽의 이른 여명 사이,

어제 황혼의 마지막 빛 아래에, 그토록 자랑스러운 우리의 환호를?

치열한 전투 중에도 넓적한 줄과 빛나는 별들이 새겨진 깃발이

우리가 사수한 성벽 위에서 당당하게 휘날리던 것을?

포탄의 붉은 빛과 허공에 작렬하던 폭탄이

밤새 우리의 깃발이 여전함을 증명했다네.

오, 별이 반짝이는 깃발은 아직도 휘날리고 있는가?

자유로운 자들의 땅과 용감한 자들의 고향에

7월 4일 독립 기념일

미국 시민이
된다는 것은

이런 약속을 하는 것:

미국에 충성할 것,
헌법과 미국의 법을
따르고 수호할 것,
다른 나라에 대한 충성을
포기하는 것,
나라를 위해 봉사하는 것
그리고 법이 요구할 경우
군에 복무하는 것.

이 책을
나의 어머니, 아버지 그리고 할머니에게 바친다.

| 찾아보기 |

글로벌 시민학교

미국 한입에 털어 넣기

초판 인쇄 2019년 7월 10일
초판 발행 2019년 7월 15일

지은이 ┃ 실비아 이달고
옮긴이 ┃ 박정희
디자인 ┃ HaND
펴낸이 ┃ 박해진
펴낸곳 ┃ 도서출판 학고재
등록 ┃ 2013년 6월 18일 제2013-000186호
주소 ┃ 서울시 마포구 새창로 7(도화동) SNU장학빌딩 17층
전화 ┃ 02-745-1722(편집) 070-7404-2810(마케팅)
팩스 ┃ 02-3210-2775
전자우편 ┃ hakgojae@gmail.com
페이스북 ┃ www.facebook.com/hakgojae

ISBN 978-89-5625-380-0 (13940)

이 도서의 국립중앙도서관 출판예정도서목록(CIP)은 서지정보유통지원시스템
홈페이지(http://seoji.nl.go.kr)와 국가자료종합목록 구축시스템(http://kolis-net.nl.go.kr)에서
이용하실 수 있습니다. (CIP제어번호 : CIP2019025640)